Weißwandspitze 3013
Gaissschneide 3025
Äußere Wetterspitze 3072
Schneespitze 3176
Östl. u. westl. Feuerstein 3273
Hochgewänd 3215
Faßbesoner Knotenspitze 3114
Östl. Kräulspitze 3303
Östl. (Falbesoner) Seespitze 3420
Ruderhofspitze 3472
Lisenser Fernerkogel 3300
Wilder Pfaff 3471
Sonklarspitze 3476
Zuckerhütl 3511
Schrandele 3397
Schrankogel 3500
Sebleskogel 3238
Stubaier Wildspitze 3342
Windacher Daunkogel 3363
Wilde Leck (Atterspitze) 3358
Hoher First 3414
Lanstigenspitze 3175
Breiter Grieskogel 3294
Strahlkogel 3290
Hochwilde 3480
Zinnkogel 3293
Mittl. Ramolkogel 3413
Großer Ramolkogel 3551
Hochreichkopf 3005
Hint. Diemkogel 3402
Hintere Schwärze 3633
Acherkogel 3010
Mutmalspitze 3512
Similaun 3607
Watzespitze 3533
Weißseespitze 3534
Stubaier Alpen
Ötztaler
Peiderspitze 2815
Hocheder 2797
Rietzer-Grieskogel 2885
Karkopf 2468
Hochwand 2724
Gatterlköpfe
Östl. Plattspitze 2681
Westl. Plattspitze 2678
Hochplattig 2750
Mitterspitzen 2702
Wetterwandeck 2700

Michael Pröttel

WUNDERSCHÖNES GARMISCH-PARTENKIRCHEN

»Entdecke deine wahre Natur!«

Touristinfo Garmisch-Partenkirchen

BRUCKMANN

Königshaus am Schachen
King's House on Schachen
La Maison royale de Schachen

▶ DAS KÖNIGSHAUS AM SCHACHEN wurde auf Wunsch König Ludwigs II. von 1869 bis 1872 auf der Schachenalpe errichtet. Hier verbrachte er mehrmals seinen Geburts- und Namenstag, den 25. August. Noch heute werden an diesem Tag Ludwigsfeuer, insbesondere auf dem Schachen, entzündet.

The King's House on Schachen was built on the peak of Schachenalpe between 1869 and 1872 on the orders of King Ludwig II. The "fairy-tale king" often spent his birthday and name day, August 25, here, and "Ludwig's fires" are lit then to this day .

La Maison royale de Schachen fut construite à la demande du roi Louis II sur la Schachenalpe. Le roi féerique y séjourna à plusieurs reprises les jours de son anniversaire et de la fête de Saint-Louis le 25 août. Aujourd'hui encore on y allume des feux à cette date.

◀ ◀ DAS GIPFELKREUZ DER ZUGSPITZE glänzt im Licht der untergehenden Sonne. Gerade bei kalter und klarer Winterluft hat man vom höchsten Berg Deutschlands aus eine hervorragende Fernsicht.

The summit cross on Zugspitze gleams in the setting sun. Germany's highest mountain offers outstanding panoramic views, especially on cold, clear winter days.

Le ciel dégagé et froid hivernal offre une vue splendide du haut de la Zugspitze, la plus grande montagne d'Allemagne.

Inhalt

◁ **LÜFTLMALEREIEN** schmücken die Fassaden im verkehrsberuhigten Ortszentrum von Garmisch.

Frescoes decorate the facades in the pedestrian center of Garmisch.

Les Lüftlmalereien, peintures ornant les façades du centre historique et piéton de Garmisch.

Tal der unbegrenzten Möglichkeiten

Valley of Infinite Possibilities / La vallée des possibilités illimitées

»Entdecke deine Natur«, ist das Motto der Tourist Information Garmisch-Partenkirchen. Egal, ob einem der Sinn steht nach authentischem bayerischem Brauchtum, nach einem Badetag an einem idyllischen Bergsee oder danach, den Tag auf einem Gipfelkamm zu verbringen. Hier findet jeder ein breites Spektrum an Freizeitbeschäftigungen. Man kann sich diejenige herauspicken, die dem eigenen Naturell entspricht.
Ausgangspunkt aller Unternehmungen ist Garmisch-Partenkirchen selbst. Die Marktgemeinde mit ihren 26 000 Einwohnern geht auf die römische Reisestation »Partanum« zurück. Urkundlich wurde Garmisch erstmals im Jahr 802 n. Chr. als Siedlung erwähnt. Im Mittelalter blühte der Ort als Reise- und Handelsstation zwischen Augsburg und Venedig regelrecht auf. Haupteinnahmequelle war damals die Flößerei auf der Loisach. Im Dreißigjährigen Krieg verarmte das Werdenfelser Land. Mit

---

◀ **Der Eibsee** entstand durch einen nacheiszeitlichen Bergsturz.
Eibsee Lake was created by landslides in the post-Ice Age era.
Le lac Eibsee est né suite à une chute de rochers à l'ère postglaciaire.

"Discover your true nature:" the motto of Garmisch-Partenkirchen Tourist Information Office perfectly sums up the cultural and natural riches of the Werdenfels region. Whether you seek authentic Bavarian tradition, mountain-hiking or just relaxation, Garmisch-Partenkirchen has a wealth of experiences to offer!
The starting-point for all tourists is naturally the region's heart, Garmisch-Partenkirchen itself. This market town, population 26,000, has its origins in the Roman waystation of Partanum. First mentioned as a settlement in 802 A.D., Garmisch flourished in the Middle Ages as a trading and travel station between Augsburg and Venice. In those days, raft traffic on the River Loisach was the main source of income. The Werdenfels region was racked by poverty in the Thirty Years' War. When the railway to Munich was completed in the early 20th century, Garmisch began to develop tourism as an economic factor. On January 1, 1935 the two independent market towns of Garmisch and Partenkirchen agreed to amalgamate into the municipality of Garmisch-Partenkirchen in preparation for the Winter Olympics of 1936. Both town centers have been well-preserved, facing guests with the difficult decision of which to explore before or after touring the surrounding

« Découvre ta nature » La devise du centre d'information tourisme de Garmisch-Partenkirchen décrit parfaitement la diversité culturelle et la richesse des paysages qu'offre la région du Werdenfelser Land. Que vous préfériez l'authenticité des coutumes bavaroises aux agréables excursions avec un splendide panorama de montagnes en arrière-plan, ou que vous soyez plutôt d'humeur à passer une journée de baignade au bord d'un lac de montagne idyllique ou sur une crête de montagne spectaculaire, tout est possible.
Garmisch-Partenkirchen est le cœur et le point de départ de toute entreprise. L'origine de la commune remonte à la ville romaine de « Partanum ». En 802 on fait mention pour la première fois de Garmisch en tant que colonie. L'endroit s'épanouit réellement au Moyen-Âge en devenant une étape sur la route des voyages et du commerce entre Augsbourg et Venise. Toutefois la source de revenus principale de l'époque était liée au flottage du bois sur la Loisach. Durant la guerre de Trente Ans la région s'appauvrit. Avec l'achèvement de la liaison ferroviaire entre Garmisch et Munich, le tourisme prit une signification économique toujours plus considérable dès le début du 20e siècle. Le 1er janvier 1935,

der Fertigstellung der Eisenbahnverbindung nach München gewann der Fremdenverkehr zu Beginn des 20. Jahrhunderts immer mehr an wirtschaftlicher Bedeutung. Am 1. Januar 1935 schlossen sich die bis dahin selbstständigen Märkte Garmisch und Partenkirchen wegen der Olympischen Winterspiele 1936 zur Marktgemeinde Garmisch-Partenkirchen zusammen. Beide Ortsteile sind gut erhalten. Beim Gang durch Partenkirchen ist vor allem die Ludwigstraße sehenswert. Im sehr empfehlenswerten Werdenfelser Heimatmuseum kann man auf fünf Etagen die bewegte Geschichte und Kultur des Werdenfelser Landes kennenlernen. Am südlichen Ende der Ludwigstraße steht der Gasthof Fraundorfer, der als einer der urigsten und traditionsreichsten Gasthäuser Oberbayerns gilt. Im historischen Garmisch führt die Tour durch die Frühlingsstraße und die anliegenden Gassen. Werdenfelser Bauernhäuser mit reich verzierten Balkonen sind hier prägend. Ein schöner Abstecher führt zur romanisch-gotischen Alten Kirche, die auf das 13. Jahrhundert zurückgeht. Nahe dem Polznkasperhaus, einem der ältesten Gebäude Garmischs, laden gemütliche Cafés zur Einkehr ein.
Leseratten sollten einen Abstecher in den Kurpark unternehmen, um den »Anfang vom Ende« nicht zu verpassen. Die gleichnamige Dauer-

countryside. Ludwigstrasse is Partenkirchen's main street. The highly recommended Werdenfels Local Tradition Museum portrays the turbulent history and culture of the Werdenfels region through five floors of exhibits. At the southern end of Ludwigstrasse is Fraundorfer tavern, one of the most authentic traditional inns in all Upper Bavaria. Historical Garmisch entices visitors along Frühlingsstrasse and its adjacent lanes, dominated by traditional regional farmhouses with richly carved balconies. A delightful detour leads to the 13th-century Romanesque-Gothic church of Alte Kirche ("Old Church"). Around Polznkasperhaus, one of the oldest buildings in Garmisch, cozy cafes await visitors.
Bookworms should pay a visit to the Kurpark for the "Beginning of the End(e)" – a permanent exhibition by the town of Garmisch-Partenkirchen in honor of its famous son, author Michael Ende. The exhibition traces his childhood and youth, his life and work. Music enthusiasts should not miss the Richard Strauss Festival held every June to commemorate Garmisch-Partenkirchen's probably most famous son. But if your tastes lean more towards tradition and local culture, you should plan two visits a year to Garmisch-Partenkirchen: one at carnival time, when fantastically carved wooden masks are de

les bourgs de Garmisch et de Partenkirchen jusqu'alors indépendants s'associèrent en raison des Jeux olympiques d'hiver de 1936 pour former la bourgade de Garmisch-Partenkirchen. Les deux centres historiques sont très bien conservés. Avant tout, il ne faut pas manquer la Ludwigstraße lors d'une promenade dans Partenkirchen. Le musée du patrimoine de Werdenfels est à voir aussi absolument, on peut y découvrir sur cinq étages l'histoire et la culture mouvementée de la région. Située à l'extrémité sud de la Ludwigstraße, l'auberge de Fraundorf est réputée pour être l'une des auberges les plus authentiques et traditionnelles de Haute Bavière. Adonnez-vous aussi à la flânerie après un circuit menant par la Frühlingstraße et les ruelles adjacentes du centre historique de Garmisch. Les fermes de Werdenfels et leurs balcons richement décorés retiennent ici particulièrement l'attention. Un joli détour mène ensuite à l'Alte Kirche, une église romane gothique datant du 13e siècle. De confortables cafés vous convient ensuite à faire une halte près de la maison Polznkasperhaus, un des plus vieux bâtiments de Garmisch. Les mélomanes ne peuvent manquer en aucun cas le festival de Richard Strauss qui a lieu tous les ans en juin en l'honneur du plus célèbre fils de Garmisch-Partenkirchen. Par contre, celui

ausstellung hat die Gemeinde ihrem berühmten Sohn Michael Ende gewidmet. Hier erfährt man alles über seine Kindheit und Jugend, sein Leben und Werk. Musikfreunde dürfen keinesfalls das Richard-Strauss-Festival versäumen, das alljährlich im Juni zu Ehren des wohl bekanntesten Garmisch-Partenkircheners stattfindet. Wer mehr an Tradition und Brauchtum interessiert ist, kommt zur Faschingszeit, wenn Leute mit holzgeschnitzten Masken auf den Plätzen und Gassen ihren Schabernack treiben oder Anfang August, wenn die Trachtenvereine feiern.
Natur und Landschaft des Werdenfelser Landes bieten für Wanderer, Wasserratten und Radler ein Spektrum an Möglichkeiten. Eingerahmt von den Ammergauer Alpen im Nordwesten, dem Estergebirge im Nordosten und dem alles überragenden Wettersteingebirge findet man gemütliche Talspaziergänge, spektakuläre Klammwanderungen und idyllische Badeseen. Panoramagipfel kann man entweder zu Fuß oder mit der Seilbahn erreichen. Und über allem thront als absolutes Highlight die Zugspitze mit 2962 Höhenmetern über dem Meeresspiegel.

▷ **Trachten** haben einen hohen Stellenwert.
Traditional costumes are highly important.
Les costumes traditionnels sont très estimés.

rigueur in the town's squares and lanes, and one in early August when the local tradition societies assemble to celebrate.
Against the backdrop of the Ammergau Alps to the north-west, Estergebirge mountains to the north-east and the Wettersteingebirge range literally towering over all, they can enjoy leisurely valley walks, spectacular hikes through mountain gorges and idyllic mountain lakes for swimming.

Spectacular panoramic views from the peaks can be earned after a climb or – the easier option – after a cable-car ride. The crowning glory of the region is the Zugspitze; at a height of 2962 meters, it is not only the highest mountain in the Wettersteingebirge range, but also in the whole of Germany!

que les traditions et coutumes intéressent davantage, doit se rendre au moins deux fois par an à Garmisch-Partenkirchen: la première fois au moment du carnaval, lorsque les masques sculptés dans le bois dansent sur les places et dans les ruelles, la deuxième fois au début août, lorsque les associations de coutumes folkloriques font la fête.
La nature et le paysage de la région éclipsent de peu l'offre culturelle de Garmisch-Partenkirchen: elle offre un large éventail de possibilités aux randonneurs, aux amateurs de baignades et aux cyclistes ; on ne peut imaginer plus grande diversité dans cette région bordée au nord-ouest par les Alpes de l'Ammergau, au nord-est par la chaîne de l'Estergebirge, et la chaîne de montagnes du Wetterstein. On y trouve de sereines promenades au fond des vallées, de spectaculaires randonnées dans les gorges ou encore des lacs de baignade aux paysages idylliques. L'accès aux sommets et à leurs splendides panoramas se fait soit à pied, soit au moyen du téléphérique. Et tel un maître tout-puissant, la Zugspitze domine cet ensemble: avec ses 2962 mètres au-dessus du niveau de la mer, elle est non seulement le sommet le plus haut de la chaîne de montagnes du Wetterstein, elle est aussi le point culminant de toute l'Allemagne !

Blick vom Wank auf Garmisch-Partenkirchen

View from Wank over Garmisch-Partenkirchen

Vue du Wank sur Garmisch-Partenkirchen

◂ Vom Gipfel des Wank hat man eine grandiose Aussicht auf den grünen Garmisch-Partenkirchener Talkessel und das imposante Wettersteingebirge. Als gewaltige Kalkmauer erhebt es sich von links nach rechts über Wettersteingrat, Alpspitze und Jubiläumsgrat zu seinem Kulminationspunkt: dem fast 3000 Meter hohen Gipfel der Zugspitze. Im Hintergrund begrenzen die Ammergauer Alpen den Horizont.

The summit of Wank Mountain affords magnificent views over the green valley of Garmisch-Partenkirchener Talkessel and the breathtaking Wetterstein range. From left to right, the gigantic limestone crags of Wettersteingrat, Alpspitze and Jubiläumsgrat rise to the culmination: the Zugspitze, almost 3000 meters high. The Ammergau Alps form the backdrop.

Du haut du sommet du Wank, la vue est imprenable sur la vallée encaissée de Garmisch Partenkirchen et sur l'imposante chaîne de montagnes du Wetterstein. Tel un gigantesque mur de calcaire, elle comprend de gauche à droite l'arête du Wetterstein, l'Alpspitze et l'arête du Jubiläumsgrat pour atteindre son point culminant à presque 3000 mètres d'altitudes avec la Zugspitze. En arrière-plan les Alpes d'Ammergau délimitent l'horizon.

Fußgängerzone

Pedestrian Zone / La zone piétonne

◀ ▶ **Das verkehrsberuhigte Zentrum** des Ortsteils Garmisch ist genau der richtige Platz, um nach einem Ausflug – beispielsweise auf den im Hintergrund zu sehenden Wank – in einer urigen Gastwirtschaft einzukehren. Hier befindet sich auch die traditionsreiche Spielbank von Garmisch-Partenkirchen.

The pedestrianized center of Garmisch is the ideal place to relax in a traditional tavern after an excursion – perhaps to Wank Mountain, here visible in the background. It is also home to Garmisch-Partenkirchen's famous casino.

Le centre piétonnier de la commune de Garmisch est incontestablement l'endroit idéal pour faire une halte après une excursion dans un restaurant traditionnel – en ayant par exemple le Wank en arrière-plan. C'est également ici que se trouve le fameux casino de Garmisch-Partenkirchen.

Heimatmuseum

Local Tradition Museum / Le musée du patrimoine

◀ ▶ **Das Werdenfelser Heimatmuseum** befindet sich im Zentrum Partenkirchens. Das weite Spektrum der Exponate reicht von vor- und frühgeschichtlichen Bodenfunden, Meisterstücken des Werdenfelser Kunsthandwerks über historische Fotografien und Dokumente zur Erstbesteigung der Zugspitze bis zum Fastnachtsbrauchtum.

Werdenfels Local Tradition Museum is in the center of Partenkirchen. Its extensive exhibits span prehistoric and early archeological finds, masterpieces of regional crafts, historical photographs and documents on the first ascent of the Zugspitze, and carnival customs.

Le musée du patrimoine de Werdenfels est situé dans le centre de Partenkirchen. Le large éventail d'articles exposés comprend aussi bien des découvertes datant de la Préhistoire et de la Protohistoire que des pièces d'artisanat d'art de Werdenfels, en passant par des photographies et des documents historiques relatifs à la première ascension de la Zugspitze sans oublier les coutumes du Carnaval.

Ludwigstraße

Ludwigstrasse / Ludwigstraße

◀ ▶ **Die Ludwigstrasse** ist die Lebensader von Partenkirchen. Bevor man im traditionsreichen Gasthof Fraundorfer einkehrt, sollte man seine Aufmerksamkeit den prächtigen Fassadenmalereien widmen. Nur einen Katzensprung entfernt liegt das Werdenfelser Heimatmuseum, das wie durch ein Wunder beim großen Marktbrand von 1865 verschont blieb.

Ludwigstrasse is the heart of Partenkirchen. Take a look at the magnificent facade frescoes before visiting the traditional inn Gasthof Fraundorfer. A few steps away stands Werdenfels Local Tradition Museum, which miraculously escaped a great fire in 1865 on Market Square.

La Ludwigstraße est la voie d'accès vitale de Partenkirchen. Avant de faire une halte dans l'auberge très traditionnelle Fraundorfer, notre attention devrait se porter vers les splendides peintures ornant les façades. À deux pas seulement de là se trouve le musée du patrimoine de Werdenfels. Il fut épargné comme par miracle lors du grand incendie qui ravagea le bourg en 1865.

Trachten

Traditional Costumes / Les costumes traditionnels

◀ ▶ TRADITIONSPFLEGE wird sowohl in Garmisch als auch in Partenkirchen großgeschrieben. Auf der alljährlich Anfang August stattfindenden »Garmischer Festwoche« im Wittelsbacher Park lassen sich seit über einem halben Jahrhundert Brauchtum, Tracht, Lied und Tanz erleben.

Traditions are kept alive in both Garmisch and Partenkirchen. For over half a century, the "Garmischer Festwoche" festival in Wittelsbacher Park has celebrated regional customs, costumes, song and dance.

La préservation et le maintien des traditions est un élément capital à Garmisch comme à Partenkirchen. La semaine folklorique de Garmisch qui se déroule chaque année en août sur le Wittelsbacher Park, fait découvrir des traditions, des costumes, des chansons et des danses datant de plus d'un demi-siècle.

Fasching

Carnival / Le carnaval

◁ ▷ KUNSTVOLL GESCHNITZTE MASKEN sind an Fasching beim sogenannten »Maschgara-Treiben« in Gassen und Straßen zu sehen. Um nicht erkannt zu werden, tauschen die Besitzer oftmals ihre Holzmasken untereinander aus. Nichts darf an die gewöhnliche Gestalt des »Maschkeras« erinnern. Jede Eigenart wie Gang, Benehmen oder Stimme muss verstellt werden. Und nicht erschrecken: Beim Eintritt in eine Wirtsstube wird wild gestampft und laut gejuchzt.

Fantastically carved masks throng the streets and lanes at carnival time's "Maschgara" (masked) parade. Mask wearers often exchange masks to evade recognition, concealing their normal appearance completely: gait, behavior and voice must all be disguised. And not to worry – stamping and cheering are normal upon entering an inn.

On peut voir des masques finement sculptés lors des défilés à travers les rues et ruelles de la dénommée « Maschgara-Treiben » du carnaval. Pour ne pas être reconnus, les participants échangent souvent leurs masques de bois entre eux. Chaque détail doit être camouflé : que ce soit la démarche, le comportement ou la voix. Et ne prenez pas peur si en entrant dans un bar, on tape du pied avec furie et si des cris de joie sont poussés de façon véhémente.

Kurpark und Richard-Strauss-Platz

Kurpark and Richard-Strauss-Platz

Parc thermal et place de Richard-Strauss

◀ **Im Kurpark** finden seit 1930 Freiluftkonzerte statt. Von Mitte Mai bis Ende September erklingen im Michael-Ende-Kurpark oder Richard-Strauss-Konzertsaal Melodien aller Stilrichtungen.

The Kurpark has been the home of elegant open-air concerts since 1930. Weather permitting, from mid-May to the end of September melodies of all kinds resound.

Dès 1930, le parc thermal tient lieu de coulisse pour des concerts de plein air. À partir de la mi-mai et jusqu'à la fin septembre, des mélodies en tout genre résonnent selon les conditions météorologiques dans le parc thermal ou dans la salle de concert.

▶ **Der Richard-Strauss-Platz** ist nach dem einstigen Bewohner benannt. 1908 erwarb Richard Strauss ein Landhaus in der Zoeppritzstraße, in dem er seine wichtigsten Werke komponierte.

Richard-Strauss-Platz is named after Garmisch-Partenkirchen's most famous son. In 1908 Richard Strauss bought a country house in Zoeppritzstrasse, where he composed his major works including the opera "Elektra."

La place Richard Strauss porte le nom du plus célèbre habitant qu'eut jadis Garmisch-Partenkirchen. En 1908, Richard Strauss fit l'acquisition d'une maison dans la Zoeppritzstraße. C'est là qu'il composa ses œuvres les plus importantes tel que l'opéra « Elektra ».

St. Anton

At St. Anton / L'église de Saint-Antoine

◀ ▶ **St. Anton** befindet sich hoch über Partenkirchen am Fuße des Wank. Neben ihrer großartigen Lage besticht die Wallfahrtskirche mit einem Deckenfresko, das als eines der besten des bayerischen Barocks gilt. Von 1992 bis 1998 wurde St. Anton einer umfassenden und gelungenen Restaurierung unterzogen.

St. Anton lies at the foot of Wank Mountain high over Partenkirchen. Apart from its magnificent setting, the pilgrimage church is worth visiting for its ceiling frescoes – regarded as among the finest of Bavarian Baroque. St. Anton was beautifully restored from 1992 to 1998.

L'église de St Antoine se trouve sur les hauteurs de Partenkirchen au pied du Wank. Outre son emplacement d'exception, l'église de pèlerinage est connue pour la fresque ornant son plafond et considérée comme une des plus belles œuvres baroques en Bavière. L'église St Antoine a subi des travaux de restauration complets et réussis entre 1992 et 1998.

Kramerplateauweg und Grainau

Kramerplateau Path and Grainau
Le Kramerplateauweg et Grainau

◀ ▶ **Der Kramerplateauweg** schlängelt sich etwa 80 Meter über Garmisch durch schönen Bergwald und überrascht immer wieder mit großartigen Ausblicken auf das Wettersteingebirge.

The path along Kramerplateau winds through beautiful forests around 80 meters above Garmisch, providing glorious views of the Wetterstein range at intervals.

Le sentier du Kramerplateau sillonne sur environ quatre-vingts mètres en surplomb de Garmisch une belle forêt de montagne, qui vous émerveillera constamment par la vue extraordinaire dont on peut profiter sur la chaîne de montagnes du Wetterstein.

▶ **Vom Zugspitzdorf Grainau** ist es nur ein Katzensprung zum Eibsee, von wo man mit der Seilbahn zum »Top of Germany« hinauffahren kann.

Grainau at the Zugspitze is only a short distance from Eibsee, where a cable car takes visitors to the "top of Germany".

Le village de la Zugspitze, Grainau, ne se trouve qu'à deux pas du lac Eibsee. C'est de là qu'on peut rejoindre à l'aide du téléphérique le « Top of Germany ».

Neue Skischanze

New Ski Jumps / Le nouveau tremplin de saut à ski

◀ ▶ **Die Schanzenanlage** ist ein vergleichsweise junges Wahrzeichen von Garmisch-Partenkirchen. Die moderne Sportanlage wurde im Dezember 2007 fertiggestellt und mit dem Neujahrsspringen 2009 feierlich eröffnet. Diese Veranstaltung blickt auf eine lange Tradition zurück: Schon seit 1922 finden am Gudiberg internationale Neujahrsskispringen statt.

The ski jumps are a relatively new emblem for the town of Garmisch-Partenkirchen. Completed December 2007, they were ceremoniously opened at the 2009 New Year ski jumping competition. This event has a long history and the international competition has been held at Gudiberg since 1922.

Le nouveau tremplin de saut à ski est un symbole relativement récent de Garmisch-Partenkirchen. Le terrain de sport moderne fut achevé en décembre 2007 et fut inauguré officiellement lors du saut du nouvel an en 2009. Cette manifestation est issue d'une longue tradition : à partir de 1922 déjà des sauts à ski internationaux ont lieu au Gudiberg.

Jack Wolfskin
Jack Wolfskin
Jack Wolfskin

Historische Bobbahn und Langlauf

Historical Bobsleigh Track and Cross-Country Skiing

L'historique piste de bobsleigh et le ski de fond

◀ **Auf der Olympia-Bobbahn** wurden Spitzengeschwindigkeiten von bis zu 120 Stundenkilometer erreicht. Neben deutschen Meisterschaften, Europa- und Welt-Meisterschaften wurden hier die Olympischen Winterspiele 1936 ausgetragen.

The Olympic bobsleigh track has seen speeds of up to 120 km/h. The track has hosted German, European and world championships and the races of the 1936 Winter Olympics.

Des records de vitesse atteignant les 120 km/h ont été enregistrés sur la piste de bobsleigh. Outre les championnats d'Allemagne, d'Europe et du Monde, les courses des Jeux olympiques d'hiver y furent aussi disputées en 1936.

▶ **Langläufer** finden östlich von Garmisch-Partenkirchen bei Kaltenbrunn und Klais ein wahres Loipen-Eldorado. Besonders schön ist es, von hier aus in Richtung Mittenwald zu gleiten.

Cross-country skiers will find their El Dorado to the east of Garmisch-Partenkirchen at Kaltenbrunn and Klais. A particularly beautiful route leads towards Mittenwald.

À l'est de Garmisch-Partenkirchen près de Kaltenbrunn et Klais, les coureurs de skis de fond trouvent un vrai eldorado de pistes de ski de fond. Skier entre ce point de départ et Mittenwald est particulièrement beau.

22

Hornschlittenrennen und Rodeln

"Hornschlittenrennen" and Tobogganing

Courses de traîneaux et la luge

◀ ▶ DAS HORNSCHLITTENRENNEN geht auf eine Wette aus dem Jahr 1970 zurück. Seit dieser Zeit rasen alljährlich wagemutige Burschen von der Partnachalm nach Garmisch hinab. Wem der Sinn eher nach einem nicht ganz so rasanten Familienrodeltag steht, findet zum Beispiel am Fuße des Kramers eine geeignete Schlittenbahn.

The "Horned Sled Race" has its origins in a bet made in 1970. Since then, rash adventurers have dared the descent from Partnachalm to Garmisch every year. But if a less breakneck day of family tobogganing is your taste, the perfect track can be found at the foot of Kramer Mountain.

Les courses à traîneau (Hornschlittenrennen) remontent à un pari fait en 1970. Depuis cette époque des jeunes hommes téméraires aiment dévaler chaque année les versants de l'alpage de Partnach en direction de Garmisch. Ceux qui préfèrent passer une journée de luge en famille sur une piste moins rapide, trouveront leur bonheur au pied du Kramer.

Burgruine Werdenfels und Schloss Ellmau

Werdenfels Castle Ruins and Ellmau Castle

La ruine du château de Werdenfels et le château d'Ellmau

◀ Burg Werdenfels wurde um 1230 auf einem östlichen Ausläufer des Kramers errichtet, diente bis 1632 als Verwaltungsmittelpunkt der Grafschaft Werdenfels, danach Verfall, heute Ruine.

Werdenfels Castle was built around 1230 on an eastern extension of Kramer Mountain, an administrative center of Werdenfels district until 1632, it then fell into ruins.

Le château de Werdenfels fut édifié autour de 1230 sur un prolongement est du Kramer. Jusqu'en 1632, il servait de centre d'administration puis commença à tomber en décrépitude. Aujourd'hui, il n'en reste qu'une ruine.

▶ Schloss Ellmau hat sich durch Auftritte erstklassiger Instrumentalisten einen Namen als Mekka der Kammermusik gemacht. Der 1916 errichtete Bau ist Hotel und Tagungszentrum.

Schloss Ellmau has gained a reputation as a mecca for chamber music, with performances by top-class musicians. Built in 1916, it is a hotel and conference center.

Le château d'Ellmau s'est fait une réputation de Mecque de la musique en chambre au travers de la participation d'instrumentalistes de premier ordre. Le bâtiment construit en 1916 est un hôtel et centre de congrès.

Partnachklamm

Partnachklamm Gorge / Les gorges de Partnach

◀ ▶ DIE PARTNACHKLAMM unweit des Skistadions darf man nicht verpassen. Der bestens angelegte Weg ermöglicht es sogar, die tiefe Schlucht im Winter zu durchwandern. Die Klamm ist besonders beeindruckend, wenn ihre Felswände von gefrorenen Wasserfällen bedeckt sind.

Partnachklamm, near the ski stadium, is not to be missed. In fact, the well-laid-out route enables hikers to walk the deep gorge even in winter, when its crags are veiled with stunning frozen waterfalls.

Il ne faut pas manquer les gorges de Partnach situées non loin du stade de ski. Le sentier parfaitement aménagé permet d'entreprendre des randonnées à travers ces profondes gorges et cela même en hiver. La gorge est particulièrement impressionnante lorsque ses parois rocheuses sont couvertes par les chutes d'eau gelées.

Schachen

At Schachen / Schachen

▶ **Das Königsschloss** sollte ursprünglich auf dem gegenüberliegenden Wank errichtet werden. Da auf diesem eine Wasserversorgung nicht gewährleistet werden konnte, fand man einen geeigneten Platz auf dem Schachen.

The "King's House" was originally planned for the opposite side of Wank Mountain; after unsuccessful efforts to set up a water supply there, a suitable site was found on Schachen.

Le château du roi devait être construit à l'origine juste en face, sur le Wank. Comme une adduction en eau ne put y être garantie, on a trouvé un emplacement plus adéquat sur le Schachen.

◀ **Der Türkische Saal** ist der Höhepunkt der empfehlenswerten Führung durchs Schachenschloss – hier feierte König Ludwig II. orientalische Feste.

The Turkish Hall, where King Ludwig II held oriental celebrations, is the highlight of a highly recommended tour of Schachen "Castle."

Le salon turc est indéniablement le moment fort de la visite du château de Schachen – le roi Louis II y célébrait des fêtes orientales.

Wamberg und Eckbauer

Wamberg and Eckbauer / Wamberg et l'Eckbauer

◀ **Wamberg** ist das am höchsten gelegene Kirchdorf Deutschlands – es ist Teil einer wunderschönen Rundwanderung auf den Eckbauer.

Wamberg is Germany's highest church village and lies on a beautiful hiking route along Eckbauer mountain ridge.

Wamberg est le village le plus haut d'Allemagne – il fait partie d'une merveilleuse randonnée autour du Eckbauer.

▶ **Vom Eckbauer,** einem freien Bergrücken, hat man eine großartige Aussicht auf das markante Dreieck der Alpspitze – egal, ob man mit der nostalgischen Seilbahn oder per pedes hinaufgekommen ist.

Eckbauer, an open ridge, offers magnificent views of the striking pyramidal Alpspitze – whether you get there by historical cable car or on foot.

Que l'on emprunte le nostalgique funiculaire ou que l'on monte à pied – la vue sur le large triangle de l'Alpspitze est extraordinaire à partir de l'arête dégagée du Eckbauer.

Reintal

The Reintal Valley / La vallée du Reintal

◀ ▶ **Zur Reintalangerhütte** führt die großartige Wanderung durch das wildromantische Reintal. Von der Hütte aus kann man am nächsten Tag den Ursprung der Partnach oder sogar die Zugspitze erwandern. Der natürliche Staudamm der links zu erkennenden »Blauen Gumpe« wurde durch Starkregen im Jahr 2005 durchbrochen, sodass der Bergsee leer lief.

Reintalanger Hut is reached by a breathtaking route through the wildly romantic Reintal valley. The next day, hikers starting from the hut can track down the source of the River Partnach or even climb the Zugspitze. In 2005 heavy rains breached the natural dam of "Blaue Gumpe," emptying this mountain lake.

Une grandiose randonnée vous mène au travers de la romantique et sauvage vallée du Reintal jusqu'au refuge du Reintalanger. En partant du refuge, on peut atteindre le pied du Partnach ou encore partir à l'assaut de la Zugspitze. Le barrage naturel de la « Blauen Gumpe » que l'on reconnaît sur la gauche se rompit en 2005 suite à des pluies diluviennes entraînant ainsi l'assèchement de ce lac de montagne.

Zugspitze

The Zugspitze / La Zugspitze

◀ **Die Zugspitze** ist mit 2962 Metern Höhe der »Höhepunkt« Deutschlands. Wer den im Jahr 1820 erstmals bestiegenen Gipfel besuchen will, kann zwischen drei verschiedenen Normalanstiegen und drei Seilbahnen auswählen. Großartige Morgen- oder Abendstimmungen winken all jenen, die eine Nacht auf dem »Münchner Haus« verbringen.

The Zugspitze is Germany's highest peak, at 2962 meters. Climbers to the summit, first ascended in 1820, can choose from three normal routes and three cable cars. Those spending a night at "Münchner Haus" hut can enjoy breathtaking sunsets and sunrises.

Avec 2962 mètres d'altitude, la Zugspitze est le « point culminant » d'Allemagne. Si vous souhaitez vous rendre au sommet, dont l'ascension fut réalisée pour la première fois en 1820, trois voies d'accès normales et trois montées par téléférique s'offrent à vous. L'ambiance à l'aube et au crépuscule est extraordinaire et émerveille tous ceux et celles qui passent une nuit dans la « Münchner Haus ».

Zahnradbahn, Seilbahn und Gipfelbauten

Cog Railway, Cable Car and Summit / Le train à crémaillère, le téléphérique et les bâtiments au sommet

◀ **Die Zahnradbahn** wurde 1930 erbaut und führt durch das Innere des Berges zum Zugspitzplatt.

The Zugspitzbahn cog railway was built in 1930 and ascends to the plateau through the heart of the mountain.

La Zugspitzbahn, train à crémaillère qui fut construit en 1930, traverse l'intérieur de la montagne pour rejoindre le plateau du Zugspitzplatt.

◀ **Die Eibseebahn** führt in einer zehnminütigen luftigen Fahrt auf Deutschlands höchsten Gipfel.

Eibseebahn offers a dizzying ten-minute ride to Germany's highest peak.

Un funiculaire vous conduit en 10 minutes du lac Eibsee jusqu'au plus haut sommet d'Allemagne.

▶ **Die Gipfelbauten** der Zugspitze bestehen aus einem meteorologischen Observatorium, einem modernen Gastronomiebetrieb und einer urigen Alpenvereinshütte.

At the summit of Zugspitze stand a meteorological observatory, a modern restaurant and a rustic hut.

Les bâtiments au sommet de la Zugspitze comprennent un observatoire météorologique, un service de gastronomie moderne et un refuge du club alpin.

Zugspitzkapelle und Zugspitzplatt

Zugspitze Chapel and Zugspitze Plateau / La chapelle de la Zugspitze et le plateau du Zugspitzplatt

◀ **Die Zugspitzkapelle** steht auf etwa 2690 Metern Meereshöhe. Das Kupferdach wird von einem kleinen Glockenturm überragt, in dem sonn- und feiertags eine Glocke zum Gottesdienst ruft.

Zugspitze Chapel is at an altitude of around 2690 meters. Atop its copper roof is a small bell tower calling worshippers to prayer on Sundays and holidays.

La chapelle de la Zugspitze est située à environ 2690 mètres au dessus du niveau de la mer. Le toit en cuivre est surmonté d'un petit clocher. Sa cloche vous convie à la messe les dimanches et jours fériés.

▶ **Auf dem Zugspitzplatt** befindet sich das einzige Gletscherskigebiet Deutschlands. Allerdings ist der Zugspitzferner wegen des Klimawandels in den letzten Jahren rasant geschrumpft.

Zugspitzplatt is home to Germany's only glacier ski slope – although the Zugspitzferner glacier has shrunk dramatically in recent years as a result of climate change.

Le seul domaine skiable sur glacier d'Allemagne se situe sur le plateau du Zugspitzplatt. Le glacier a toutefois rétréci de façon fulgurante au cours des dernières années en raison du bouleversement climatique.

Jubiläumsgrat

Jubiläumsgrat Ridge / L'arête du Jubiläumsgrat

◀ Der Jubiläumsgrat, der von der Zugspitze in Richtung Alpspitze zieht, stellt eine der großartigsten Gratüberschreitungen der Ostalpen dar. Für die acht- bis zehnstündige Gratkletterei sind allerdings absolut sicheres Wetter, alpine Erfahrung und vollkommene Schwindelfreiheit unverzichtbar.

Jubiläumsgrat, extending from the Zugspitze towards the Alpspitze, is one of the most breathtaking crests in the Eastern Alps. The eight-to ten-hour climb requires stable weather conditions, Alpine climbing experience and a clear head for heights.

L'arête du Jubiläumsgrat qui s'étire de la Zugspitze à l'Alpspitze, constitue un des prolongements d'arête les plus extraordinaires des Alpes orientales. Les huit à dix heures requises pour réaliser l'ascension de l'arête nécessitent des conditions météorologiques tout à fait sûres, une bonne connaissance des Alpes et un manque absolu de vertige.

Höllental

Höllental / La vallée d'Höllental

◀ ▶ **Das Höllental** – die Bezeichnung geht nicht auf das Wort »Hölle« zurück, sondern auf »aushöhlen«. Harte Muschelkalkschichten wurden im Laufe von Jahrtausenden vom Regen- und Schmelzwasser des Hammersbachs ausgehöhlt. Ziel dieser im Vergleich zur Partnachklamm noch beeindruckenderen Tour ist die wunderschön gelegene Höllentalangerhütte.

Höllental takes its name not from the German word for "hell" ("Hölle") but from "hollow" ("aushöhlen"). Over the centuries, strata of hard shell limestone were hollowed out by the rain- and snowmelt-fed Hammersbach. A hiking route even more stunning than Partnachklamm leads to the beautifully situated Höllentalanger Hut.

La vallée d'Höllental – cette dénomination ne provient pas du mot « Hölle », l'enfer, mais du mot « aushöhlen » (creuser). Au cours des derniers millénaires, l'eau de pluie et l'eau de la fonte du torrent de l'Hammer se sont creusées un chemin à travers les dures parois de calcaire dans lesquelles on retrouve aujourd'hui encore des coquillages encastrés. Au terme de ce circuit bien plus impressionnant que celui de l'arête de Partnach, on parvient au site magnifique du refuge de Höllentalanger.

Über den Wolken

Above the Clouds / Au dessus des nuages

▶ **Das Alpenvorland** ist im Winterhalbjahr oft von lang anhaltender Nebelsuppe bedeckt – der Garmisch-Partenkirchener Talkessel liegt dann oft noch unter klarem Himmel. Gut haben es in dieser Hinsicht die Meteorologen des Zugspitzobservatoriums – bis zu ihnen hinauf reicht die Nebeldecke nie.

The Alpine foothills are often shrouded in persistent fog in the winter months while clear skies arch over the Garmisch-Partenkirchen valley. The meteorologists at the Zugspitze Observatory can rejoice – the cloud layer never reaches their altitude.

Les Préalpes sont souvent et longuement recouvertes d'une épaisse nappe de brouillard durant le semestre d'hiver – la vallée encaissée de Garmisch-Partenkirchen profite plus souvent d'un ciel dégagé. Les météorologues de l'observatoire de la Zugspitze ont de la chance – la nappe de brouillard ne monte jamais jusqu'à eux.

Alpspitze und Klettersteig

Alpspitze and Via Ferrata / L'Alpspitze et la via ferrata

◀ **Die Alpspitze** mit 2628 Metern Höhe ist wegen des pyramidenförmigen Gipfels eine der bekanntesten Berggestalten der Nördlichen Kalkalpen.

Alpspitze, 2628 meters in height, has a pyramidal peak that makes it one of the best-known peaks in the Northern limestone alps.

Avec une altitude de 2628 mètres, l'Alpspitze est l'une des montagnes les plus connues des Alpes Calcaires du nord et facilement identifiable grâce à son sommet de forme pyramidale.

▶ **Die Alpspitz-Ferrata** ist der passende Einstieg für all diejenigen, die schon lange einmal einen Klettersteig in Angriff nehmen wollten.

The Alpspitze Ferrata is an ideal starting-point for climbers with ambitions to try a via ferrata.

L'Alpspitz-Ferrata est le parcours idéal pour ceux ou celles qui ont toujours rêvé de s'attaquer au moins une fois à une via ferrata.

Osterfelderkopf

At Osterfelderkopf / Osterfelderkopf

◀ ▶ DER OSTERFELDERKOPF ist ein idealer Ausgangspunkt für die Besteigung der Alpspitze. Doch auch Nichtwanderern ist der mit der Alpspitzseilbahn leicht zu erreichende Berg wegen seiner schwindelerregenden Aussicht ins tief eingeschnittene Höllental als Ausflugsziel zu empfehlen.

Osterfelderkopf is an ideal starting-point for climbing the Alpspitze; easily accessible by the Alpspitz cable-car, it is also recommended for non-climbers for its dizzying views over the deep gash of Höllental valley.

L'Osterfelderkopf est un point de départ idéal pour entreprendre l'ascension de l'Alpspitze. Les apprentis randonneurs ne devraient pas hésiter à prendre le téléphérique pour jouir eux aussi de la vue vertigineuse et sensationnelle qu'offre cette montagne sur la vallée très encaissée et profonde de l'Höllental.

OsterfelderKopf
2050 m

Wettersteingebirge

Wetterstein Mountains /

La chaîne de montagnes du Wetterstein

◀ Das Wettersteingebirge mit seinen drei von West nach Ost ausstrahlenden Graten ist ein Kettengebirge wie aus dem Bilderbuch. Besonders deutlich wird diese Struktur, wenn in den Tälern dicker Nebel liegt.

Wetterstein Mountains, with their three ridges running from west to east, are a picture-book mountain chain seen particularly effectively when mist lies in the valleys.

La chaîne de montagnes du Wetterstein ressemble à une chaîne de montagnes tirée d'un livre d'images avec ses trois crêtes baignées de lumière. Ce contraste ressort d'autant plus lorsqu'une épaisse nappe de brouillard couvre les vallées.

Römerweg und Buckelwiesen

Roman Road and "Buckelwiesen" / La voie romaine et Buckelwiesen

◀ **Wagenradspuren**, eingefräst in den harten Kalkstein, zeugen bei Klais östlich von Garmisch-Partenkirchen von der »Via Raetia«, die zur Römerzeit ein wichtiger Alpenübergang war.

Cart tracks etched into the hard limestone at Klais, east of Garmisch-Partenkirchen, mark the "Via Raetia" that was an important alpine pass in Roman times.

Des traces de roues de chariots, fraisées dans la dure pierre de calcaire viennent témoigner à Klais à l'est de Garmisch-Partenkirchen de la « Via Raetia », qui fut un point de passage important à travers les Alpes à l'ère romaine.

▶ **Die Buckelwiesen** nahe dem Römerweg lassen sich auf einer leichten und aussichtsreichen Rundwanderung erkunden.

"Buckelwiesen" ("hummocky meadows") near the Roman road can be explored on an easy circular hike with magnificent views.

Vous pouvez découvrir les Buckelwiesen, littéralement « les prairies bosselées » situées à proximité de la voie romaine, lors d'un circuit de randonnée facile et haut en couleur.

Esterbergalm, Berggasthaus Panorama

Esterbergalm and Panorama Mountain Restaurant
L'alpage de l'Esterberg et l'auberge de montagne Panorama

◁ ▷ ESTERBERGALM und Berggasthaus Panorama – auf dem Wank wie auch an dessen Fuß kann man kulinarische Köstlichkeiten und schöne Aussichten genießen.

Esterbergalm and Panorama Restaurant – culinary treats and beautiful views can be enjoyed at both the peak and foot of Wank Mountain.

L'alpage de l'Esterberg et l'auberge de montagne Panorama – des délices culinaires et un panorama d'exception vous attendent que ce soit en haut du Wank ou à ses pieds.

Wank und Wankhaus

Wank and Wankhaus / Wank et Wankhaus

◀ ▶ **Das Wankhaus**, ganzjährig bewirtschaftet und mit der Seilbahn leicht zu erreichen, bietet die beste Aussicht vom Partenkirchener Hausberg. Wanderer können ihn mit Start in Farchant und Ziel in Garmisch-Partenkirchen sehr schön überschreiten.

Wankhaus, open all year round and easy to reach by cable-car, offers the best views of Partenkirchen's local mountain. Hikers can pass it on an attractive route from Farchant to Garmisch-Partenkirchen.

La maison Wankhaus qui est exploitée toute l'année et facile d'accès grâce au téléphérique, offre la meilleure vue qui soit de la montagne du Wank. Les randonneurs peuvent très bien la dépasser en partant de Farchant pour se rendre à Garmisch-Partenkirchen.

Kramer und Stepbergalm

Kramer and Stepbergalm / Le Kramer et les pâturages du Stepberg

◀ **Der Kramer** ist Ziel einer herrlichen Rundtour für trittsichere Wanderer und bietet am Gipfel großartige Ausblicke auf den gegenüberliegenden Wetterstein.

The Kramer is the destination of a stunning circular route for experienced hikers, with magnificent views over to the Wetterstein Mountains.

Le Kramer est le but à atteindre au terme d'un magnifique circuit pédestre pour randonneurs avertis. Du haut du sommet, on jouit d'une vue exceptionnelle sur le Wetterstein situé juste en face.

▶ **Die Stepbergalm** liegt am Aufstieg zum Kramer – hier werden von Juni bis September Butter und Topfen hergestellt. Im Sommer sind auf der Alm rund 480 Schafe, einige Kühe und Jungrinder. Ab Mitte August kommen noch 80 Jungrinder hinzu.

Stepbergalm lies on the route up to Kramer. Butter and cream cheese are made here from June to September. In summer the alm is home to a number of farm animals.

L'alpage du Stepberg est situé sur le sentier d'ascension du Kramer – dès juin et jusqu'à septembre on y fabrique du beurre et du fromage blanc. L'été, près de 480 moutons, quelques vaches et jeunes veaux séjournent sur l'alpage. À partir de la mi-août, quatre-vingts veaux viennent rejoindre les pâturages à leur tour.

Kuhfluchtfälle

Kuhfluchtfälle Falls / Les chutes du Kuhflucht

◀ ▶ DIE KUHFLUCHTFÄLLE bei Farchant sprudeln aus einer starken Karstquelle, die an der Westseite des Estergebirges entspringt. Auch mit kleineren Kindern ist diese Talwanderung gut zu bewältigen. Im Hochsommer kann man sich in einer der glasklaren Gumpen erfrischen.

Kuhfluchtfälle Falls at Farchant are fed by a powerful karst spring with its source on the western side of Estergebirge mountains. The valley hike is also suitable for small children. Its crystal-clear lakes are refreshing on hot summer days.

Les chutes du Kuhflucht près de Farchant proviennent d'une puissante source karstique qui sort de terre sur le flanc ouest des montagnes de l'Ester. Cette belle randonnée dans la vallée est également réalisable avec des enfants en bas âge. En plein été il est possible de se rafraîchir avec les eaux limpides de ces vasques naturelles.

Kloster Ettal

Ettal Monastery / Le cloître d'Ettal

Kloster Ettal ist nur wenige Kilometer von Garmisch-Partenkirchen entfernt und ein weiteres lohnendes Ausflugsziel. Informative Führungen durch die traditionsreiche Benediktinerabtei und das Museum der Klosterbrauerei finden von Mai bis Oktober statt.

Ettal Monastery, only a few kilometers from Garmisch-Partenkirchen, is also well worth a visit. Informative tours of the traditional Benedictine monastery and brewery museum take place from May to October.

Le cloître d'Ettal est situé à quelques kilomètres seulement de Garmisch-Partenkirchen. Une excursion qui vaut vraiment le détour. Des visites guidées documentées sont organisées à partir de mai et jusqu'à octobre dans le musée de la brasserie du cloître et dans l'abbaye bénédictine, au passé lourd de traditions.

Oberammergau

At Oberammergau / Oberammergau

◀ ▶ **Die Passionsspiele** von Oberammergau sind ebenfalls einen Ausflug wert. Im Dreißigjährigen Krieg – nach monatelangem Leiden und Sterben durch die Pest – gelobten die Oberammergauer, alle zehn Jahre das »Spiel vom Leiden, Sterben und Auferstehen unseres Herrn Jesus Christus« aufzuführen. 1634 erfüllten sie das Versprechen zum ersten Mal auf einer Bühne, die sie auf dem Friedhof aufschlugen – unmittelbar über den frischen Gräbern der Pesttoten.

The Passion Play at Oberammergau is a unique experience. In the Thirty Years' War, after months of suffering and plague, the town's population pledged to reenact the "story of the suffering, death and resurrection of Our Lord Jesus Christ" every ten years. They first kept this promise in 1634, setting up the stage in the cemetery before the fresh graves of the plague victims.

Les Jeux de la Passion d'Oberammergau valent également le détour. Durant la guerre de Trente Ans – après des mois de souffrances et de mort infligés par la peste – les habitants d'Oberammergau firent le serment de réaliser tous les dix ans le « jeu de la souffrance, de la mort et de la résurrection de notre Seigneur, Jésus-Christ ». En 1634 ils réalisèrent leur engagement pour la première fois sur une scène qu'ils inaugurèrent au-dessus du cimetière – surplombant ainsi directement les tombes à peine refermées des morts victimes de la peste.

DEUTSCHE BUNDESPOST
DEUTSCHE BUNDESPOST
Badersee

Historische Postkutschen

Historical Post Coaches / Les diligences historiques

◂ **Historische Postkutschen** sind eine besonders nette Möglichkeit, Garmisch, Partenkirchen und den grünen Talboden zu erkunden. Im Sommerhalbjahr werden jeweils zwei einstündige Rundfahrten angeboten, bei denen nicht nur die Kids mit auf den Kutschbock dürfen.

Historical post coaches are an especially delightful way of exploring Garmisch, Partenkirchen and the green valley. Two different one-hour tours are offered in the summer months – and not only children can share the coachman's box.

Les diligences historiques vous donnent une bonne occasion de découvrir Garmisch, Partenkirchen et le fond verdoyant de la vallée. Durant le semestre d'été, deux circuits d'une heure sont proposés, durant lesquels les enfants ne sont pas les seuls à avoir le droit de s'asseoir sur le siège du cocher.

Eibsee

Eibsee Lake / Le lac Eibsee

◀ ▶ Der Eibsee direkt unter den gewaltigen Felswänden des Zugspitzmassivs ist der beeindruckendste Bergsee in der Umgebung von Garmisch-Partenkirchen. Er ist durch einen gewaltigen nacheiszeitlichen Bergsturz entstanden. Rundherum führt eine wunderschöne Wanderung. Ob zu Fuß oder im Ausflugsboot: Wasserratten dürfen im Hochsommer ihr Badezeug nicht vergessen.

Eibsee Lake, overshadowed by the lofty crags of the Zugspitze massif, is the most impressive mountain lake in the Garmisch-Partenkirchen region. Created by an enormous landslide in the post-Ice Age period, it is encircled by a beautiful hiking route. Water-babies should be sure to pack their swimwear on summer walking or pleasure-boat tours.

Le lac Eibsee situé juste en dessous des énormes parois rocheuses du massif de la Zugspitze est le lac de montagne le plus impressionnant aux environs de Garmisch-Partenkirchen. Il est né à la suite d'un violent éboulement de rochers à la période postglaciaire. Une très belle randonnée vous permet d'en faire le tour. Que ce soit à pied ou en bateau de croisière : si vous aimez nager, n'oubliez surtout pas vos affaires de baignade en plein été.

Barmsee

Barmsee Lake / Le lac de Barmsee

◀ VOM NORDUFER des Barmsees hat man im Herbst oft einen prachtvollen Blick auf die frisch verschneiten Gipfel und Grate des Karwendelgebirges. Den wunderschön gelegenen Bergsee erreicht man am besten von Klais aus, wo eine ideale Rundtour zum Barmsee und zu den Buckelwiesen beginnt.

The northern banks of Barmsee Lake afford magnificent fall views of the Karwendel mountains freshly crowned with snow. The beautiful mountain lake is best reached from Klais, starting-point of a perfect hiking route to Barmsee Lake and the "hummocky meadows."

De la rive nord du lac du Barmsee la vue sur les sommets fraîchement enneigés et les arêtes des montagnes du Karwendel est splendide en automne. Le meilleur accès au lac de montagne se fait à partir de Klais, d'où partent les circuits faisant le tour du lac et allant jusqu'aux « prairies bosselées », les Buckelwiesen.

Pflegersee und Riessersee

Pflegersee and Riessersee Lakes / Le lac du Pflegersee et le lac du Riessersee

◀ **Den Pflegersee** erreicht man am besten auf einer kurzen Wanderung, die im Ortsteil Burgrain beginnt und an der Burgruine Werdenfels vorbeiführt.

Pflegersee is a short hike from Burgrain, leading past Werdenfels castle ruins.

Une brève randonnée débutant dans le quartier de Burgrain et passant devant la ruine de château de Werdenfels vous mènera jusqu'au lac du Pflegersee.

▶ **Der Riessersee** ist nicht nur Namenspatron einer traditionsreichen Eishockey-Mannschaft. Während der Olympischen Winterspiele 1936 wurden hier auch die Disziplinen Eiskunstlauf, Eishockey und Eisschnelllauf ausgetragen.

Riessersee gave its name to a traditional ice-hockey team and was the home of ice-skating, ice-hockey and speed skating events at the 1936 Winter Olympics.

Le lac du Riessersee ne porte pas seulement le patronyme d'une traditionnelle équipe de hockey sur glace. C'est ici que les disciplines de patinage artistique, de hockey sur glace et de patinage de vitesse furent disputées lors des Jeux olympiques d'hiver de 1936.

Mountainbiken und Klettern

Mountain Biking and Climbing / Le VTT de montagne et l'escalade

◀ **Mountainbikern** bieten sich rund um Garmisch-Partenkirchen Tourenmöglichkeiten in Hülle und Fülle. Besonders zu empfehlen ist die Umrundung des gesamten Wettersteingebirges.

Mountain bikers are spoilt for choice around Garmisch-Partenkirchen. A circular tour of the Wetterstein Mountains is particularly spectacular.

Un nombre infini et une grande diversité de circuits sont proposés aux vététistes autour de Garmisch-Partenkirchen. À recommander plus particulièrement : le tour complet de la chaîne de montagnes du Wetterstein.

▶ **Kletterern** bietet der zumeist felsenfeste Wettersteinkalk Tourenmöglichkeiten in jeder Preislage. Anfänger sollten alpine Mehrseillängentouren nur mit einem Bergführer unternehmen.

Climbers also have a wealth of possibilities for every level in Wetterstein's generally solid limestone crags. Beginners should only undertake multi-pitch climbs with a guide.

La pierre calcaire du Wetterstein qui est en majeure partie aussi dure qu'une falaise offre des possibilités de circuits aux escaladeurs et cela quelque soit leur budget. Il est recommandé aux débutants de n'entreprendre des itinéraires alpins de longue cordée qu'en présence d'un guide de montagne.

Gleitschirmfliegen

Paragliding / Le parapente

▶ GLEITSCHIRMFLIEGERN bieten vor allem Wank und Eckbauer ideale Startplätze. Der Flug hinab in den Garmisch-Partenkirchener Talkessel ist ein unvergessliches Erlebnis.

Paragliding starting-points on Wank and Eckbauer mountains offer unforgettable flights into the Garmisch-Partenkirchen valley.

Le Wank et l'Eckbauer offrent des aires de décollages idéals aux parapentistes. Voler au-dessus de la vallée encaissée de Garmisch-Partenkirchen est un événement inoubliable.

Impressum

Der Autor: Der Diplomgeograf Michael Pröttel, geboren 1965, ist Autor und Fotograf zahlreicher Wander- und Reiseführer.

Produktmanagement: Joachim Hellmuth, Susanne Kuhl
Textlektorat: Thomas Theise, Regensburg
Englische Übersetzung: Alison Moffat, München
Französische Übersetzung: Sandra Brandstetter, Bernau am Chiemsee
Graphische Gestaltung: Medienfabrik, Stuttgart
Kartografie: Thomas Vogelmann, Mannheim
Herstellung: Bettina Schippel
Repro: Cromika sas, Verona
Printed in Slovenia by Korotan, Ljubljana

Alle Angaben dieses Bandes wurden vom Autor sorgfältig recherchiert und vom Verlag auf Stimmigkeit und Aktualität geprüft.
Allerdings kann keine Haftung für die Richtigkeit der Informationen übernommen werden. Für Hinweise und Anregungen sind wir dankbar.
Zuschriften an den:
Bruckmann Verlag,
Produktmanagement,
Postfach 400209,
D-80702 München
E-Mail: lektorat@bruckmann.de

Bildnachweis:

BILDAGENTUR HUBER

Alle Abbildungen des Umschlags und des Innenteils stammen von der Bildagentur Huber, Garmisch-Partenkirchen, außer: Heinrich Bauregger, München: Seite 47; Gerhard Launer/WFL-GmbH, Rottendorf: Seite 10, 92/93; Privatsammlung, Garmisch-Partenkirchen: Seite 8; Michael Pröttel, Wörthsee-Steinebach: Seite 14, 54/55, 56, 67, 72, 73; Zentralbibliothek Zürich (Depositum des Schweizer Albenclubs): Karte Vorsatz

Einbandfotos :
Vorderseite: Garmisch-Partenkirchen mit Zugspitze
Rückseite: Gipfelkreuz der Zugspitze (gr.), Fußgängerzone in Garmisch-Partenkirchen (kl. o.) Kinder beim Trachtenumzug (kl. u.)

Die Deutsche Nationalbibliothek verzeichnet diese Publikation in der deutschen Nationalbibliografie; detaillierte bibliografische Daten sind im Internet über http://dnb-nb.de abrufbar.

ISBN 978-3-7654-5514-8

Wunderschön weiterlesen

ISBN 978-3-7654-4920-8

ISBN 978-3-7654-5425-7

ISBN 978-3-7654-5415-8

ISBN 978-3-7654-5424-0

ISBN 978-3-7654-5278-9

ISBN 978-3-7654-5422-6

ISBN 978-3-7654-5499-0

ISBN 978-3-7654-5411-0

Erhältlich in Ihrer Buchhandlung oder unter
www.bruckmann.de

BRUCKMANN

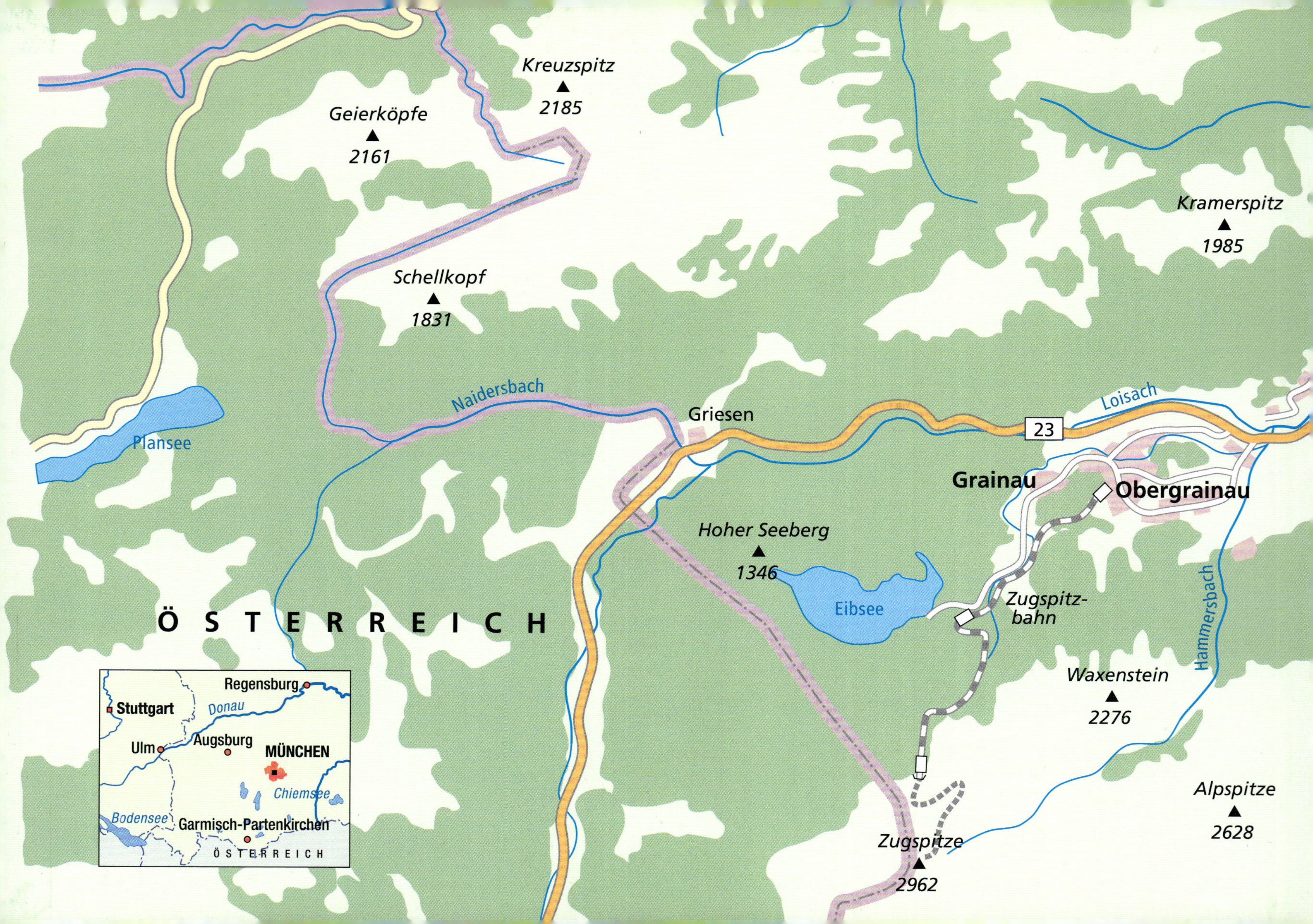
Kreuzspitz
2185
Geierköpfe
2161
Kramerspitz
1985
Schellkopf
1831
Naidersbach
Plansee
Griesen
Loisach
23
Grainau
Obergrainau
Hoher Seeberg
1346
Eibsee
Zugspitz-
bahn
Hammersbach
ÖSTERREICH
Waxenstein
2276
Alpspitze
2628
Zugspitze
2962
Regensburg
Stuttgart
Donau
Ulm
Augsburg
MÜNCHEN
Chiemsee
Bodensee
Garmisch-Partenkirchen
ÖSTERREICH